戰國成語與齊文化 下

周功鑫　主編

目錄

成語故事六：安步當車 ………… 6

成語故事七：濫竽充數 ……… 52

成語故事八：狡兔三窟 ……… 96

成語故事九：貪小失大 ……… 140

成語故事十：餘音繞樑 ……… 184

齊國成語故事拾遺 ………… 228

附錄 …………………… 234

後記 …………………… 242

安步當車

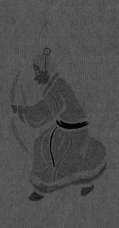

成語「安步當車」來自顏斶和齊宣王的對話，故事記載於《戰國策・齊策四》，原文是「安步以當車」。

齊威王去世時，齊國十分富強。

齊宣王繼承了王位後，希望把國家治理得更好。他除了繼續採用父親齊威王的治國方法外，還邀請天下間有才華的士人到齊國來，為他出謀獻策。

顏斶是一名受齊宣王賞識的士人，他發覺齊宣王作風浮誇，便用古代英明君主的事例，勸諫齊宣王要謙卑踏實，尊重士人，聽取士人的意見。齊宣王認同顏斶的見解，準備用豐厚的待遇，聘請顏斶做他的老師，隨時提點他。顏斶認為齊宣王這樣的作法，像是在用豐厚的待遇來收買他，有損於他作為士人的尊嚴，於是以自己喜愛過淡泊的生活為理由，婉拒了齊宣王。

◎ 戰國時期：公元前476年至公元前221年。
◎ 齊威王：約生於公元前378年，卒於公元前320年。

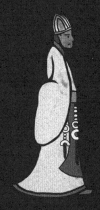

春暖花開，晴空萬里，齊國都城臨淄處處繁花燦爛。這天，愛好射箭的齊宣王邀請了一群大臣，來到射箭場上練習射擊。

◎ 臨淄：今山東省淄博市臨淄區。

到了射箭場，齊宣王馬上拿起了一把雕工精細的弓，他張弓搭箭，
「咻！」的一聲，箭便射中了靶心，動作乾脆利落。在場的大臣們
不禁同聲讚歎：「哇！好厲害的箭術啊！」

面對讚美聲，齊宣王露出了得意的笑容，誇口說：「寡人不單只箭
術高超，臂力才是驚人呢。你們仔細看看，這把並不是普通的弓，

它的張力特別飽滿，有九石重，只有像寡人這樣的大力士才能拉得
動它。不信，你們過來拉拉看。」

◎ 齊宣王：約生於公元前350年，卒於公元前301年。（左一）
◎ 石：有說一石大約重達一百二十斤（約七十二公斤），也有說約三十公斤。這裡所指的可
能是拉弓的張力重達九石。

齊宣王隨即把弓交給身旁一個大臣，大臣接過弓，深深吸了一口
氣，鼓盡全身的力氣去拉，比起齊宣王，他的動作明顯慢多了，在
旁的大臣們都不禁同聲為他打氣：「用力！用力！」

可是，當弓弦剛剛被拉開了一點點，他便垂下弓來，有氣無力地
說：「看來，除了大王，沒有人能夠拉得開它。」

大家不禁再次對齊宣王大聲誇讚。

聽到大臣們的稱讚，齊宣王更加興奮了，他再次拿起弓，又「咻！
咻！咻！」地連續射了好幾箭。

見齊宣王拉得輕鬆，不少人開始懷疑起來了。有人小聲地說：「能
拉開三石的弓，已經是大力士了，大王的弓真的有九石重嗎？」

於是，有人靠近剛才拉弓的大臣，問他：「這弓真的有九石重嗎？」
可是，他卻答非所問地回答：「大王真是厲害啊！」

看著齊宣王洋洋得意的表情，也就沒人再去追根究底了。

　　顏斶一直站在人群的後方，冷眼旁觀，心想：「哼！在場的人心中都明白，這把弓其實最多只有三石重，可是，就是沒有人敢說出實情。齊王這樣愛慕虛名，看來，齊國不久將要面臨災禍的到來。唉！」他不由得深深地歎了一口氣。

◎ 顏斶（音同「畜」）：生卒年不詳，活躍於齊宣王期間。（右頁前排者）

想著齊宣王和大臣之間的虛偽和諂媚，顏斶拖著沉重的腳步，向稷下學宮走去。經過一間又一間的豪華住宅，顏斶不禁感慨起來：「我和這樣的環境實在格格不入，我還是回家鄉去吧！可是，如果我不去勸大王，還有誰敢去勸他呢？看來，非我莫屬了。這樣，對我來說，也算問心無愧啊！」

◎ 稷下學宮：齊國為了招攬天下人才，在臨淄的稷門附近設講堂建華宅，讓天下名士來此講學、論政，齊宣王時是全盛時期。

第二天，齊宣王和大臣們在宮中商討國事。他注意到今天顏斶的神情比往日凝重，便説：「顏卿，你上前來和寡人談談」。

沒想到顏斶竟然回答説：「大王，還是請您過來跟臣説話吧！」

齊宣王聽了，臉色下沉，表現出一副很不高興的樣子。在旁邊的大臣們聽了，紛紛指責顏斶說：「大王是一國之君，你只是個臣子，你怎麼可以叫大王屈駕來跟你說話呢？你太無禮了。」

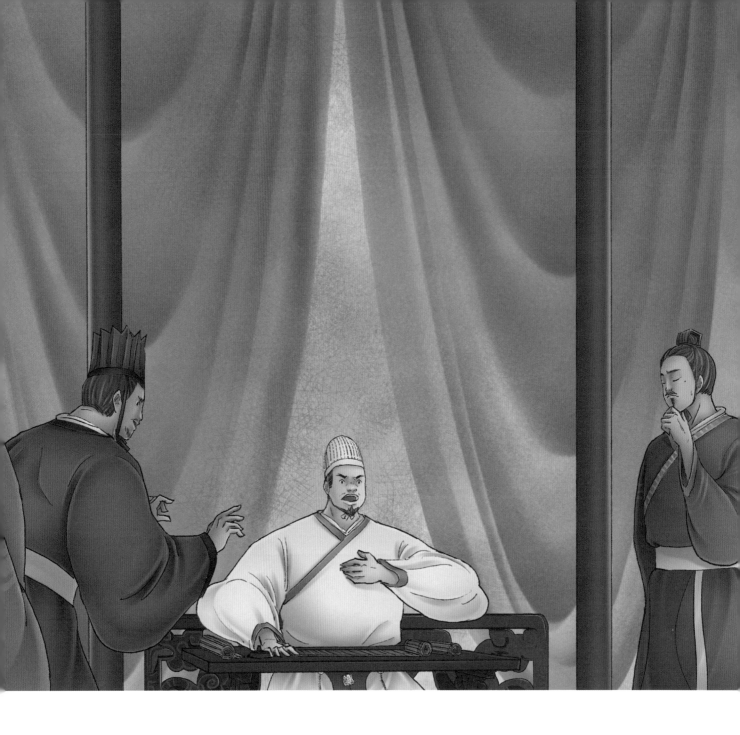

面對大家的批評，顏斶高聲回答說：「如果我向前靠近大王，和大王說話，人們會說我趨炎附勢；如果大王走到我面前，和我說話，人們會說大王是禮賢下士。與其讓我做個小人，不如讓大王做個明君。」

齊宣王忿怒了，他大聲喝問：「到底是君王尊貴，還是士人尊貴？」
顏斶理直氣壯地說：「當然是士人尊貴，君王不尊貴了。」

顏斶的答覆，令在場的人都感到詫異，於是齊宣王問顏斶說：「你有解釋嗎？」

顏斶禮貌地回答：「有。從前秦國入侵齊國的時候，路過魯國，秦
王對軍隊下令說：『有誰敢在賢士柳下惠的墳墓五十步範圍內砍伐
樹木，將被判死罪，絕對不會獲得寬恕。』

秦王又對軍隊下令說：『有誰能砍下齊王的頭來見，將獲封為萬戶
侯，並且獲賜黃金一千鎰。』可見，一個活生生的君王人頭，是比
不上一位已死賢士的墓地。」

◎ 柳下惠：生卒年不詳。春秋時魯國的大夫，也是出名的賢者。

齊宣王聽了，一臉不高興，沒有說話。在旁有大臣對顏斶說：「顏
斶啊，你過來吧！我們大王統領如此遼闊廣大的疆域，並隨時可動
員上千輛的戰車，而且有能力鑄造重千石的銅鐘。天下間，才德兼
備的士人，都來為他服務；口才好的，都來跟他論政。四方諸侯，
都臣服於大王的威望之下；百姓們都聽大王的命令。大王要什麼，

便有什麼。而士人呢！最清高的，也自稱為『匹夫』。他們多住在鄉下，以耕作為生，出門靠步行。可見，士人的身份是十分低微的。」

◎ 匹夫：泛指平常人，這裡是指地位低下的人。

顏斶搖搖頭，反駁說：「不對。聽說古代舜傳位給大禹的時候，諸侯國有一萬個之多。這是明君尊重士人，得到士人幫助而形成的。因為尊重士人，原本在鄉間耕田的舜，也能夠成為天子。到湯得天下的時候，還有諸侯國三千。現在呢？只剩下二十四個了。這是後來的君王們，得不

到士人的輔佐，政策錯誤造成的。諸侯們互相攻伐，便一個一個地被
消滅掉了。在面臨亡國滅族的時候，君王貴族們想要做個在鄉里看守
城門的老百姓，也辦不到呢！」

◎ 舜、禹：生卒年不詳，傳說中的古代賢明帝王。
◎ 湯：生卒年不詳，商朝的建立者。

顏斶指著案上的《易經》，說：「《易經》有這樣的話：『當領袖的人，如果不腳踏實地做事，只顧追求虛名，他們的行為必定驕傲奢侈。領袖傲慢，災禍就會隨之而來。』因此，國君不實事求是，國力會日漸削弱；沒有德行的人，處境必定困難；不工作而享受俸祿的臣子，必然被人辱罵。這都是愛慕虛名、不修品德的下場。」

◎ 《易經》：中華民族重要的經典，以卦象解釋天地萬物的變化，反映了中國古代的宇宙觀與哲學思想。

　　顏闔又說：「堯、舜、禹、湯這些古時候的明君，身邊都有許多輔助的大臣，明君們都樂於傾聽底下的人提出的意見，他們有的是名實相符的道德和作為，而不是虛名和地位。」

◎ 堯：生卒年不詳，傳說中的古代賢明帝王。

齊宣王終於明白顏斶的意思了，他說：「顏卿說得對，今天，你讓寡人明白，士人是應當被尊重的。希望你能當寡人的老師，時常指教提點。寡人要用重酬禮聘先生。」

顏斶推辭說：「美玉來自深山，一經雕琢，就失去本色。士人生於鄉野，一受俸祿，面貌便不相同了。我情願返回故鄉，把晚點吃飯，當作吃肉；把悠閒地走路，當作坐車；把不犯法，當作富貴，過清靜安逸的生活。」

顏斶向齊宣王拜別說：「發號施令的，是大王；而盡責任直言進諫
的，是我顏斶。今天，我該說的話都說了，希望大王讓我辭官回家
鄉去吧。」

他再次向齊宣王行禮，便迅速地離開了。

這件事很快便在臨淄城中傳開了，百姓紛紛議論，都讚美顏斶是一
位知足常樂，不貪戀權位的名士。

戰國時期，有學問的士人常常使出渾身解數，向君王表現他們的才幹，目的只是求一官半職，有些人甚至因此當上宰相。而顏斶為保士人的尊嚴，寧願放棄富貴名利，回家鄉過自由自在的生活。

顏斶向齊宣王辭行時説：「我情願返回故鄉，把晚點吃飯，當作吃肉；把悠閒地走路，當作坐車；把不犯法，當作富貴，過清靜安逸

的快樂生活。」後人便以「安步當車」來形容一個人不貪求富貴，安貧樂道，不介意過著清貧的生活；也有人以「安步當車」來形容一個人以步行代替坐車；亦有人以「安步當車」來比喻一個人做事不著急、不匆忙。

和「安步當車」意思近似的成語有「緩步代車」和「緩步當車」。

圖畫知識

① 漆畫

戰國時期是漆器重要發展時期，也是最早出現以漆繪畫當時人的生活情景，更是中國藝術史中，最早的人物畫。當時漆器上的漆畫已有多種色彩，當中以紅、黑兩色為主。本圖說集為了重現戰國時期的繪圖特色，故事背景與成語運用兩部分說明特別採用戰國時期的漆畫風格呈現。本漆畫參考湖北荊門包山2號楚墓出土戰國時期的漆奩（音同「廉」）風格（漆奩是當時女子放置梳妝用品的盒），湖北省博物館藏。

（圖見PP.8-9）　　　**01**

02 乏

供報靶者躲藏，避免報靶者被箭矢傷到的皮製遮擋板。據《新定三禮圖》資料重繪。

03 侯

箭靶稱為「侯」，用布製成，以皮革裝飾。靶心稱為「侯的」，為白色或赤色。參考宴樂畫像杯摹本，上海博物館藏。自製線繪圖。

（圖見PP.10-11）

⑭ 皮弁冠

戰國時期君王的頭冠稱皮弁冠。冠用白鹿皮所製,且縫綴有五種不同顏色的寶石。據《新定三禮圖》資料重繪。

(圖見PP.14-15)

⑮ 弓

參考湖南長沙月亮山41號墓出土戰國時期的竹製漆弓,湖南省博物館藏。此弓弓身是用竹子製成,中間一段用四層竹片疊合而成,外面纏有膠質的薄片,用蠶絲繞緊,再在表面塗漆。

06 韘

韘（音同「涉」），即扳指，常見玉製，戴於拇指，勾弓弦用。參考戰國時期的雲紋白玉韘，淄博市博物館藏。自製彩繪圖。

（上圖見PP.16-17，下圖見PP.20-21）

07 組玉佩

為戰國時期身份及君子的象徵，人們將君子的品德比擬為玉。參考山東淄博臨淄區商王墓出土戰國時期的組玉佩。自製彩繪圖。

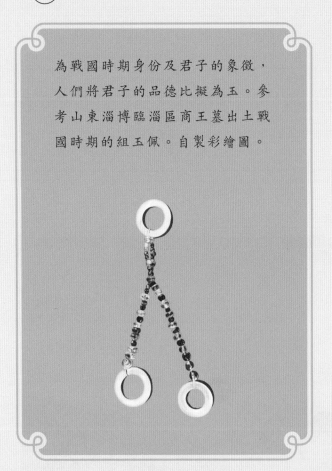

08 玄端冠

為戰國時期官員常戴的頭冠樣式。據《新定三禮圖》資料重繪。

（圖見PP.22-23）

⑨ 秦王服裝紋飾

參考陝西省咸陽市咸陽1號宮殿遺址出土戰國時期的絹地鎖繡。「絹地」意指以絹為底。「鎖繡」是一種刺繡的針法，繡紋的效果呈現像是一條鎖鏈，故稱為鎖繡。

⑩ 秦國軍吏服裝

秦國軍吏服裝的特色為頭上戴雙版或單版長冠，長冠的形狀像是梯形版狀。身穿皮革所製的甲衣。參考陝西西安秦始皇帝陵出土中級軍吏俑，秦始皇帝陵博物院藏。

09　10　（圖見PP.26-27）

⑪ 鈕鐘

「鐘」為古代重要的打擊樂器，有「甬鐘」與「鈕鐘」兩種。頂部呈筒柱狀的稱為「甬鐘」，頂部有環形鈕的稱為「鈕鐘」。參考山東章丘女郎山出土戰國時期的鈕鐘，山東省文物考古研究院藏。自製彩繪圖。

⑫ 石硯與研石

戰國時期的硯為石硯，因此時的墨尺寸偏小，多為丸狀或塊狀，使用時需將研石壓著墨塊，以磨出墨汁。參考湖北雲夢睡虎地秦墓出土戰國時期的石硯與研石。自製線繪圖。

⑪

（圖見PP.28-29）

⑬ 屏風

為戰國時期室內裝潢常用的擺飾。參考湖北江陵天星觀1號墓出土戰國時期的彩繪木雕雙龍座屏，荊州博物館藏。自製彩繪圖。

⑭ 席鎮

戰國時期人們在室內活動時，常會跪坐在席子上，為防鋪席四角不平整，常用頗具重量的銅製席鎮放在席子的四角。參考湖北棗陽九連墩出土戰國時期的銅席鎮，湖北省博物館藏。

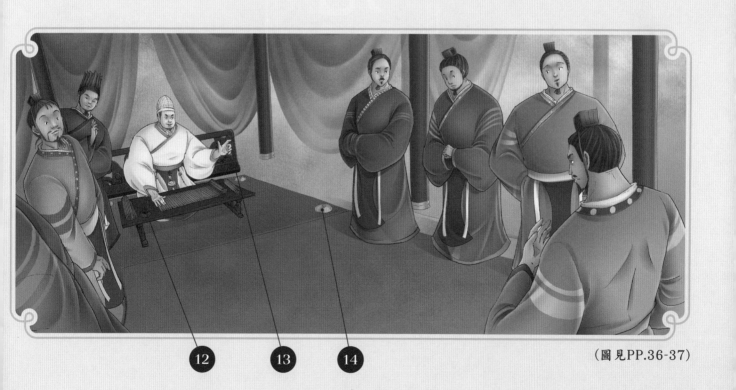

⑫　⑬　⑭

（圖見PP.36-37）

濫竽充數

在《韓非子·內儲說》中，有這麼一個故事。

戰國時期，齊宣王喜歡聽吹竽，他用高薪供養了一班會吹竽的樂師，每次演奏時，三百個樂師一起合奏，聲音宏偉悠揚。

有一個南郭先生，說自己會吹竽，還找人推薦自己，當上宮裡的吹竽樂師，賺取了豐厚的俸祿。

齊宣王去世後，齊湣王繼位。齊湣王也喜歡聽吹竽，但他喜歡欣賞樂師單獨吹奏，他要樂師們一個一個輪流到他面前演奏。這個消息一傳出，南郭先生便連夜逃跑了。原來，他的竽吹得很差勁，之前混在一群樂師裡裝著吹，才沒有被人發現。現在他因要面對齊湣王單獨吹奏，害怕真相被識破而逃走了。

這便是成語「濫竽充數」的由來。

◎ 戰國時期：公元前476年至公元前221年。

在一個晚春的早上，齊都臨淄城裡熙熙攘攘，好不熱鬧。

有一群人在圍著鬥雞場，兩隻雄雞在場內對峙著，圍觀的人個個情緒激昂，「加油、加油！」激烈的呼喊聲此起彼落。

這時，擁擠的人群裡，出現了一陣小小的騷動。

「唉唷！別擠啊！」「沒長眼睛啊！」

被推擠的人不住地喊著。原來，有一個個子矮小的男子，在人群裡
穿梭奔竄，不住地推擠他人。

◎ 臨淄城：今山東省淄博市臨淄區。

　　「鬥雞就鬥雞，有啥好看的？」矮男子從人群中探出頭來，他一邊
揉著剛被撞到的頭，一邊在東張西望。

「咦，我明明聽到有琴聲的，彈琴的人在哪裡呢？」他豎起耳朵，
在熱鬧的街道上四處尋覓。

城裡到處都是人，路邊有人在下棋，有人在踢球，有人在趕路，空
氣裡混雜著汗水與仕女們身上的香草味⋯⋯

「找到了！」矮男子高興得叫了起來。他在一個街道，看到一個老先生在門前彈琴，琴聲悠揚，老先生的身旁站了不少圍觀的路人。

一曲完畢，圍觀的人紛紛鼓掌叫好。只有矮男子緊皺著眉頭，沒有鼓掌。老先生看見了，便問他：「先生是否有所指教？」

矮男子作了個揖，說：「不敢，不敢，老先生琴藝高超，樂音如行雲流水，又如珠落玉盤，只是……」

老先生說：「先生直說無妨。」

矮男子說：「有一顆珠似乎跳得不大自然……」

「哈哈！果真是南郭先生，對樂音的感覺這樣敏銳。」人群裡，一個身材壯碩的大漢，朝著矮男子說話。矮男子這時才注意到人群裡有位舊識。

◎ 南郭先生：生卒年不詳，活躍於齊宣王時期。（右頁藍衣者）

聽到大漢讚賞南郭先生的音樂鑑賞力,老先生便邀請他們二人到酒館去,聊聊音樂。

談笑中,大漢忽然説:「現今的齊王很愛聽吹竽,尤其是合奏。前幾天,我才加入了王宮的吹竽團隊,如果兩位有興趣的話,我很樂於推薦。」

「需要什麼資格才能當上宮裡的樂師呢?」南郭先生問。

大漢答:「不需要什麼資格,只要能吹竽就行了。」老人說:「我年事已高,就不參與了。方才聽南郭先生談論音樂,想必是奏樂的高手吧!」南郭先生聽後,只微微一笑。

◎ 齊宣王:約生於公元前350年,卒於公元前301年。(左頁白衣者)

大漢說：「那是肯定的了，從前我們是鄰居，在我練習吹竽時，南郭先生時常來指點。雖然時間不是很長，卻給我留下了深刻的印象啊！」

大漢喝了口酒，說：「南郭先生，您就加入王宮的吹竽團隊吧。當上樂師後，可以一展所長，我們可以享有官府的俸祿，每天只要專注於練習樂曲，不用為衣食而勞碌了。」

南郭先生笑著接受了大漢的提議。

透過引薦，南郭先生順利地成為吹竽團隊的一員。

這天，南郭先生隨著團員進入宮城，眼前巍峨的建築，令他歎為觀止。

練習吹竽的場地，已經有樂師齊集了，有在調音的，有在排練的，
吹竽的樂音此起彼落。大家都拿出自己的竽，吹奏起來。而南郭先
生只是站在一旁，神情顯得有點兒不安。

好友大漢拿出一把竽，遞給南郭先生，南郭先生把一直放在背後的雙手伸出來接，這時，大漢看到他的左手手指包紮著。

南郭先生解釋說：「我出門前不小心夾傷了自己的手指。」

大漢關心地問：「啊，不礙事吧？」

南郭先生回答說：「不礙事、不礙事，過兩天就好了。」

大漢把竽收回，說：「看來，先生今天不適宜練習了，那就請先生
給我提提意見吧！」

吹竽樂師的日子真是挺快活的，他們有吃有住，每天只是專心練曲，彼此切磋吹奏心得。

由於南郭先生常常抒發自己對演奏的看法，因此，每到休息時間，總會有人前來請他指導吹奏的竅門。

這一天，又有幾個人前來向南郭先生請教。

南郭先生聽他們吹奏一段樂曲後，指著他們說：「你們吹得各有春秋，你的竽聲縹緲，他的中氣渾厚……」

南郭先生時常説：「竽音的好壞，在於平常對竽的保養。」在合奏之外，他總是忙著擦拭他的樂器。

演奏時，南郭先生總是站在竽聲宏亮的樂師身旁，除了露出他的竽之外，個頭矮小的他，便就隱沒在眾多樂師之中。

日子久了，有樂師問他：「常聽先生指點大家，我們怎麼好像沒聽

過先生吹奏呢？」

也有樂師說：「在合奏時，先生的竽聲似乎並不明顯啊。」

對這些問題，他總是振振有詞地說：「能融合於合奏的竽聲才完
美，聽不出技藝的技法才高超。否則大家各自爭鳴，樂聲便紊亂吵
耳了。」漸漸地，便沒有人再質疑他了。

一天，齊王宴樂，三百名樂師齊集庭園，合奏竽音。

竽樂波瀾壯闊，時而如萬馬奔騰，時而如遠雷鳴震，跳舞者隨著竽音翩翩起舞，齊王和大臣們都聽得如癡如醉。

南郭先生站在眾樂師之中，他神情投入，無論是呼吸，還是指法和
節拍，都和其他的樂師一模一樣，他的身體也隨著樂聲微微擺動，
彷彿與竽音融為一體似的。

「真是一絕，真是一絕啊！賞，人人有賞，哈哈哈哈！」齊宣王對這三百人的樂團真是滿意極了。

日子一天一天地過，不知不覺，滿樹的綠意已經染上了橘紅。這時候，樂團已經停止演奏和練習好一陣子了，因為齊宣王去世了。

「唉！這麼喜愛音樂的大王逝世了，真可惜啊！是他才這麼看重我們樂師的，我們的將來會怎麼樣呢？我們的樂團會不會被解散呢？」除了對國君的哀悼，樂團裡正瀰漫著各人對未來的擔憂。

他們的擔憂似乎沒有必要，繼位的齊湣王和他父親一樣喜愛音樂，
他並沒有解散樂團。

◎ 齊湣王：約生於公元前323年，卒於公元前284年。

「好消息、好消息！大家表現的機會來了！」這天，一名樂師興沖沖地從宮外奔跑回來，大聲說道：

「我打聽到了，當今的齊王喜歡欣賞獨奏，在未來的日子裡，他會叫我們一個一個輪流在他面前吹奏。這可是大家各自表現的大好機會啊！」

樂師們聽了，都欣喜萬分。

南郭先生和大家一樣，表現出高興的樣子，但他的手卻捏緊了衣袖，掌心還冒著汗！

夜裡，月光穿透窗櫺，灑落一室秋涼，眾人都熟睡了，只有南郭先
生仍然在睡榻上輾轉反側。

他想起自己開始學習吹竽時，總是學不到要領。得到這樂師的職位
後，又經常以專家自居，用些小聰明騙得大家的讚賞，為了不讓其
他樂師知道自己沒有能力，練習和演奏時，都不敢吹出聲音來，只

是用口形和指法裝著吹。如今這個秘密就要被揭穿了，他真不知道
該如何是好？

◎ 窗櫺（音同「靈」）：窗上木條交錯而成的格子。

翌日，大家聚在一起，準備一個一個地練習吹奏，卻發覺少了一個
人。

大家找遍了居所，都找不到南郭先生的蹤影。原來，他怕事跡敗露，已經連夜逃跑了。

不善於吹竽的南郭先生，為了得到官府供養的樂師職位，便假裝自己對吹竽很在行，混進吹竽的團體裡湊數。這故事後來被引申為成語「濫竽充數」，比喻沒有真才實學的人，冒充行家；或是比喻用次級貨冒充好貨。

《韓非子‧內儲說》中收錄這個故事的目的，是要說明，君王統馭百官時，要一一聽取臣子的意見，這樣，才可以從中分辨出臣子的能力，以便督導臣子。

圖畫知識

⓵ 琴

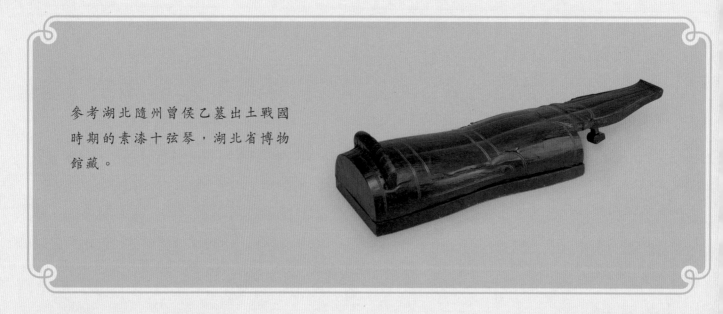

參考湖北隨州曾侯乙墓出土戰國時期的素漆十弦琴，湖北省博物館藏。

（圖見PP.60-61）

02

01

②② 棋盤

參考湖北江陵紀城1號墓出土戰國時期的六博棋盤。自製彩繪圖。

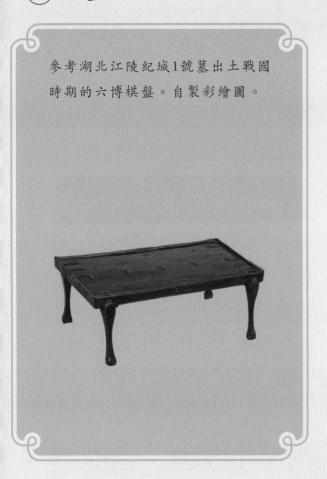

③③ 竽

戰國時期流行的吹奏樂器。因為竽為木製，保存不易，目前出土最早的竽是漢代的竽。參考湖南長沙馬王堆1號墓出土的竽，湖南省博物館藏。

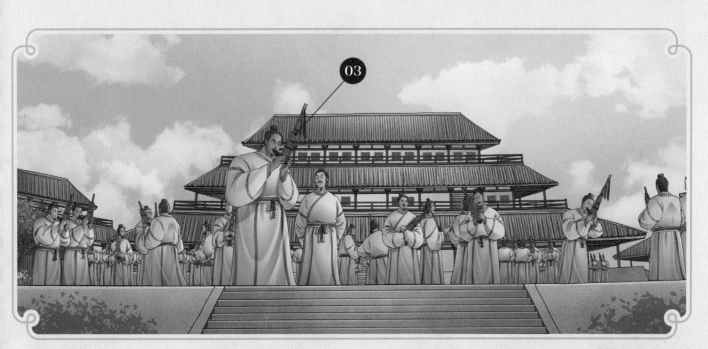

（圖見PP.68-69）

④ 銅鼎

為戰國時期常用的食器,用來盛放熟肉。參考江蘇漣水三里墩西漢墓出土戰國時期的錯金銀蓋鼎,南京博物院藏。

⑤ 席案

席案為戰國時期宴飲時所用的案。參考湖北棗陽九連墩2號墓出土戰國時期的漆案,湖北省博物館藏。

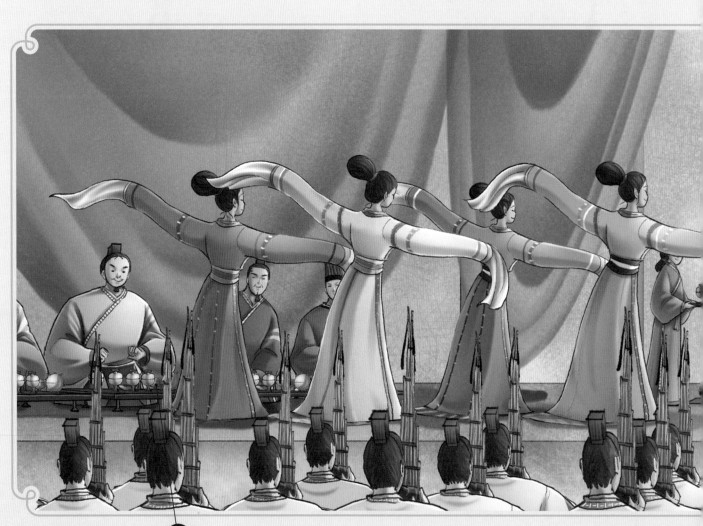

(圖見PP.76-77)

04

06 銅豆

為戰國時期常用的食器，用來盛裝食物。根據《禮記》記載，豆的數量按偶數分等，天子二十六豆，諸侯十二豆，上大夫八豆，下大夫六豆。圖畫中的豆參考戰國時期的錯銅絲鑲綠松石蓋豆。自製彩繪圖。

07 舞女服飾

參考山東淄博臨淄區趙家徐姚村西北齊墓出土戰國時期的陶俑，齊文化博物院藏。

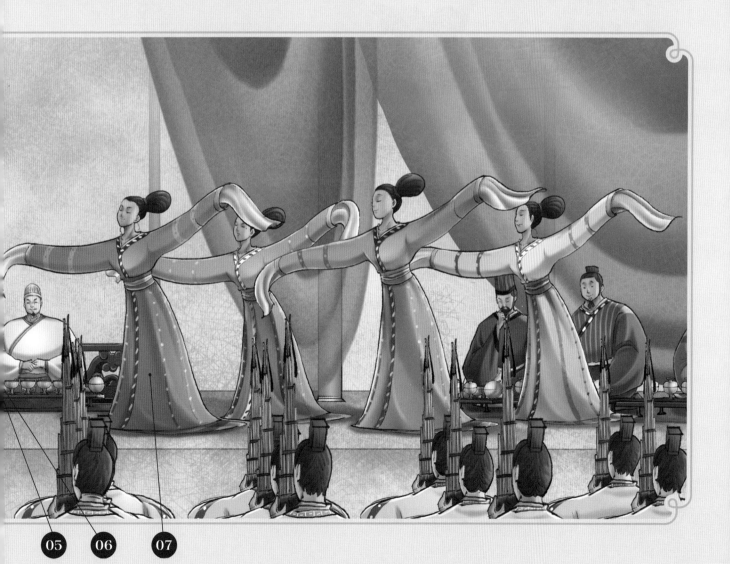

05 06 07

08 窗

參考山東淄博臨淄區郎家莊1號東周墓出土漆器上的窗型圖樣。自製線繪圖。

09 鋪首銜環

鋪首是大門上門環的底座。參考齊國故城出土戰國時期的鋪首銜環。自製彩繪圖。

10 齊衰服

為戰國時期一般百姓為國君服喪的服裝，據《新定三禮圖》資料重繪。

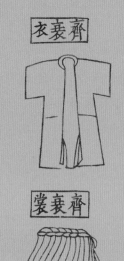

齊衰衣

齊衰裳

(圖見PP.80-81)

08　09　10

⑪ 竹枕

參考河南信陽楚墓出土戰國時期的竹枕。
自製線繪圖。

⑫ 漆木床

戰國時期的家具，如床、案類，多為木製，
上有髹漆。參考河南信陽楚墓出土戰國時期
的漆木床，據《信陽楚墓》資料重繪。

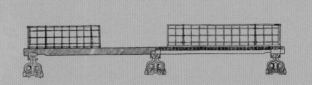

⑪　⑫　（圖見PP.84-85）

狡兔三窟

成語「狡兔三窟」，出自《戰國策‧齊策》。

戰國時期，齊國的孟嘗君為人疏財仗義，深得人心，養有門客三千人。一次，他派門客馮諼（音同「暄」）前往他的封地薛，向百姓們收取債務。可是，馮諼不但沒有要百姓們還債，還當眾燒毀了所有的債條，令薛地的百姓們十分感激孟嘗君。

公元前301年，齊宣王逝世，齊湣王繼位。齊湣王以孟嘗君曾經是他父親的臣子作為理由，免去了孟嘗君的宰相職位，並請孟嘗君返回封地去。

孟嘗君回到封地薛的時候，受到當地民眾的熱烈擁戴，這時，他才領悟到馮諼燒毀債條的意義。當孟嘗君感謝馮諼的時候，馮諼對他說，聰明的兔子會為自己準備三個藏身的地方，用來保命。薛地只是馮諼為孟嘗君安排的第一個藏身處。

之後，馮諼遊說魏昭王重金聘請孟嘗君為魏國的宰相，這消息讓齊湣王惶恐不已，立即迎接孟嘗君回齊國，恢復他的相國職位。這是馮諼為孟嘗君設置的第二個藏身處。

後來，馮諼又教孟嘗君要求齊湣王，在薛地建立宗廟，用來擺放先王的祭器，令薛地永保平安，這是馮諼為孟嘗君設計的第三個保命藏身的地方。

有這三個途徑，孟嘗君便從此高枕無憂了。

◎ 戰國時期：公元前476年至公元前221年。
◎《戰國策》與《史記》都說齊湣王後來召孟嘗君回國，但近代史學家考據，孟嘗君後來確實去了魏國當宰相，並沒有回國恢復宰相職位。

這是一個收割的秋日。臨淄城裡，齊國宰相府內，有門客三千人
的孟嘗君正皺著眉頭，看著管家呈上來的帳冊。孟嘗君無奈地
說：「怎樣才能維持這麼多人的生活開銷呢？沒辦法了，看來今年
只好讓薛地的民眾辛苦一點，我要派人去向他們討債了⋯⋯」

◎ 臨淄城：今山東省淄博市臨淄區。

◎ 孟嘗君：生卒年不詳，活躍於齊宣王、齊湣王期間。孟嘗君因為繼承父親的封邑——薛（今山東省滕州市東南），所以又稱為薛公或薛侯。（左一）

◎ 薛地：今山東省滕州市東南。

隔天，孟嘗君召集了門客，問有誰願意代他前往薛地收債。

正當人人都低著頭，氣氛沉悶之際，人群中走出一名男子，他高聲說道：「我願意代主公前往薛地收債！」

孟嘗君定睛一看，不認得此人，便問管家說：「他是誰呀？」

管家回答：「就是那敲著劍唱說吃飯沒有魚，出門沒有車的傢伙。」
孟嘗君想起來了，原來是馮諼。

馮諼在這時候挺身而出，令孟嘗君十分感激：「那就有勞先生了。
此事宜早不宜遲，請先生稍事整頓後，馬上出發。」

◎ 馮諼：一作馮驩，生卒年不詳，齊國人，孟嘗君的門客。（右五）

馮諼很快就收整好行裝。出發前，他去向孟嘗君辭行。

「主公，屬下這就前往薛地去。收完債款，需要屬下為主公買些什麼回來嗎？」

孟嘗君心中只想著債款，隨口回答說：「你看家裡缺了些什麼，你
就買什麼吧！」說完，孟嘗君拱手說：「祝先生一路順風！」

車隊南下，走走停停，幾天後，隨從向馮諼報告：「先生，已經到達薛地了。」

馮諼坐在車上，他看見薛地的百姓們，人人臉上都帶著惶恐不安的
神情。他便對隨從說：「你去打聽打聽，出了什麼事？」

馮諼安頓下來後，被派去打聽消息的隨從也回來了，他對馮諼説：
「先生，屬下打聽過了，百姓們已經知道相爺要派人來討債了，他
們都擔心無法還清債務，所以人心惶惶呢！」

馮諼聽了，揮揮手說：「我知道了。」這時，他想起了臨出發前孟嘗君的話，腦海裡突然浮現出一個主意來。他囑咐薛地的官吏，三天後和百姓們核對債條。

三天後的清晨，馮諼整理好儀容後，便來到薛地的廣場。這時，廣
場上已經聚集了百姓，各人手持債條，神色凝重。

馮諼向大家宣佈：「各位鄉親父老，我是代表相爺孟嘗君前來的馮諼，今天，我要和各位核對債條。」

接著，馮諼便和各人輪流核對債條了。

債條核對完畢了，馮諼突然吩咐手下，把債條堆置在地上。這時，
百姓們的心情更加緊張了，他們目不轉睛地看著馮諼，看他會先抽
取哪一個債條來討債……

馮諼並沒有伸手去取債條，他往前跨了一步，說：「鄉親們，相爺
體恤民情，再三交代，要免去各位的債務。」

說完，他一揮手，手下便拿來火把，將堆積在地上的債條，全部燒
掉了。一時間，百姓們全部下跪，淚流滿面地向蒼天和馮諼叩拜，
大聲呼喊感激孟嘗君的大恩大德⋯⋯

幾天後，馮諼回到相府。孟嘗君問他：「債款收得如何？」

他回答：「已經全數收回。」

孟嘗君高興地向他收取債款。馮諼說：「出發前，主公曾經說過，家中缺什麼，便買什麼回來。因此，屬下把債款都拿去買了

『義』。這是主公目前最缺乏的東西啊！」

孟嘗君不解地看著馮諼，馮諼便把事件經過一一告訴了孟嘗君。孟嘗君聽後，冷冷地說：「那謝謝了！你退下吧！」馮諼便靜靜地退下了。此後，孟嘗君很久都沒有理會馮諼。

隔年，齊宣王逝世，齊湣王即位。齊湣王對於孟嘗君這位輩分高於自己、名聲也蓋過自己的宰相十分忌憚。

這天，在朝會上，齊湣王對孟嘗君說：「皇叔啊，您是長輩，又是父王的功臣。讓您為小輩勞煩瑣事，寡人實在覺得過意不去。況且

您年事已高了，就回到封地去享清福吧！」

◎ 齊宣王：約生於公元前350年，卒於公元前301年。
◎ 齊湣王：約生於公元前323年，卒於公元前284年。（左一）

孟嘗君回到府邸，向門客們宣佈自己已不是宰相了。門客中，有氣憤地為孟嘗君伸說不平的，有低頭垂淚的，也有為自己思索退路的。只有馮諼，嚴肅地走上前，對孟嘗君說：「主公不用擔心，屬下保證，至多一年，大王必定會以大禮迎接您重任宰相職位的。」

孟嘗君用疑惑的眼神看看馮諼，苦笑地說：「果真如此，那就太好了！」但他實在無法相信馮諼的話。

薛地的百姓們聽到孟嘗君要回來，人人欣喜若狂。

當孟嘗君的車隊緩緩地駛進薛地時，道路兩旁站滿了迎接他們的百姓。人們一見到車隊，便下跪歡呼。坐在車內的孟嘗君，聽到如雷貫耳的歡呼聲，不禁疑惑，便吩咐停車。

只見一名青年，跪在路中央說，因為孟嘗君免了他家的債，讓他們過上了安定的生活，實在太感激了。孟嘗君聽了，坐在車內發愣。

剛抵達府邸，孟嘗君便叫人去請馮諼。他見到馮諼，連忙上前迎
接，慚愧地說：「先生，我真的不知道該怎麼向您表達我內心的感
謝！」

馮諼躬身回禮後，對孟嘗君說：「聰明的兔子為了躲避獵人，會想
辦法築造三個藏身的洞窟。如今，主公已經有一個了，屬下會盡力

為主公建造另外兩個。」

孟嘗君聽了，鄭重地說：「那就麻煩先生了！先生有什麼需要，請儘管提出，我會全力支援。」

不久，馮諼便帶著五十輛車子和五百斤黃金前往魏國，請求面見魏
昭王。

馮諼見到魏昭王，便對他說：「大王，我的主公孟嘗君，已經離
開了齊國朝堂，住到自己的封地薛去了。他的盛名，是諸侯間聞名
的，如果大王您能招攬他為魏國效力，必定能夠讓魏國民富兵強，

成為實力堅強的國家。」

馮諼的話，說得魏昭王心動不已，他連忙下令派遣一百輛馬車，載著一千斤黃金，跟隨馮諼回薛地去，禮聘孟嘗君為魏國的宰相。

◎ 魏昭王：生年不詳，卒於公元前277年。《史記》與《戰國策》都寫故事發生時，魏國國君是魏惠王，但近代史學家考據，當時魏國國君應該是魏昭王。（右二）

　　馮諼回到薛地後，向孟嘗君報告此行的經過。孟嘗君聽說魏昭王重
金延聘，一時難以置信，他用疑惑的眼神看著馮諼。

馮諼冷靜地說：「主公，魏王以大陣仗迎接您的消息，很快就會傳
到臨淄去。我想，齊王就會派人來接主公回朝堂了！」

事情果然不出馮諼所料，齊湣王知道魏昭王用大禮迎聘孟嘗君擔任宰相後，便趕緊派使者來請孟嘗君回去，要恢復他的宰相職位了。

和離開時的落寞相比，孟嘗君回到齊國時的場面，顯得特別熱鬧與光彩。街頭巷尾都在討論孟嘗君復職的故事，人們稱讚他大仁大義，沒有被魏昭王的重金禮遇所誘惑。

回到臨淄後，孟嘗君馬上奏請齊湣王：「薛邑地靈人傑，請大王在那兒興建宗廟，存放先王的祭器。」這便是馮諼為孟嘗君所築建的第三個洞窟。薛地成為齊國的重點保護城市。這樣，薛地的安全便無所憂慮了。

馮諼為孟嘗君安置了多條退路,讓他日後在齊國的政壇上無往不
利,高枕無憂。

馮諼以兔子有多個藏身之所，向孟嘗君說明預設退路的重要性。

他先讓孟嘗君得到薛邑百姓的擁戴，再讓他重掌齊國的相位，最後，要求齊王在薛地建造宗廟，並且在宗廟中存放了先王的祭器。他讓孟嘗君有三條可退之路。

成語「狡兔三窟」是說，預備多條退路，當遇到危險或災禍的時候，便有避難之處了。

圖畫知識

⓵ 平民馬車

馬車為戰國時期趙武靈王推行「胡服騎射」（學習穿胡人的衣服騎馬打仗）之前重要的交通工具。自趙武靈王始，騎馬與乘馬車都成為了通用的交通方式。參考山東淄博臨淄區淄河店2號墓11號車復原圖，據《中國古代車輿馬具》資料重繪。

（圖見P.104-105）　　②　　①

② 鋪首銜環

鋪首是大門上門環的底座。參考山東臨淄趙家徐姚村出土戰國時期的鋪首銜環。自製線繪圖。

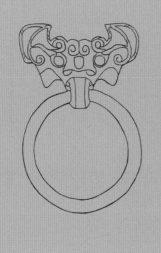

③ 銅燈

戰國時期的燈，是以動物油脂為燃料。參考山東淄博臨淄區商王墓出土戰國時期的鳥柄銅燈，淄博市博物館藏。自製彩繪圖。

（圖見P.100-101）

④ 銅燈

戰國時期的燈，是以動物油脂為燃料。參考戰國時期的高柄燈，淄博市博物館藏。自製彩繪圖。

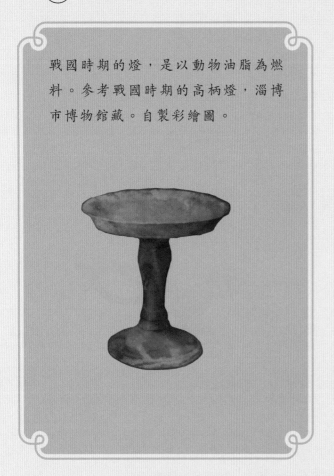

⑤ 毛筆

戰國時期書寫方式是用毛筆寫在竹簡上。參考湖南長沙楚墓出土戰國時期的毛筆，湖南省博物館藏。

(圖見PP.108-109)

④ ⑤

06 書案

參考湖北隨州曾侯乙墓出土戰國時期的漆案,湖北省博物館藏。

07 組玉佩

為戰國時期身份及君子的象徵,人們將君子的品德比擬為玉。參考山東淄博臨淄出土戰國時期的組玉佩,淄博市博物館藏。自製彩繪圖。

06　07

（圖見PP.116-117）

⑧ 金版

戰國時期的貨幣之一，使用時可切成小塊。參考戰國時期的金版，上海博物館藏。

⑨ 魏

戰國時期晉系文字的「魏」字，據《戰國古文字典》資料仿寫。

⑩ 齊

戰國時期秦系文字的「齊」字，據《戰國古文字典》資料仿寫。

（圖見PP.126-127）　⑨　⑧

⑪ 祭器

參考山東煙台芝罘島出土戰國時期的玉璧、玉圭與玉觿。自製彩繪圖。

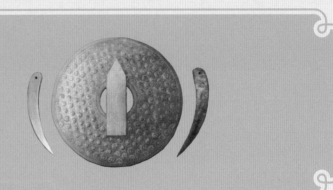

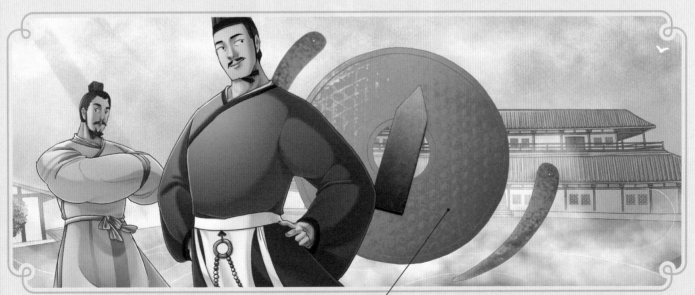

（上圖見PP.128-129，下圖見PP.130-131）

貪小失大

「貪小失大」成語故事出自《呂氏春秋‧慎大覽‧權勳》。

在公元前284年，齊國出兵侵佔了宋國，一時聲勢很盛，威脅到其他諸侯國，因此燕、趙、秦、韓、魏五國便聯合起來，一同攻打齊國。面對大軍壓境，齊湣王心情惡劣，不但不知體恤前線將士們的辛勞，更是對前線將領觸子惡言相向，觸子因此鳴金收兵而逃。齊湣王派達子收拾殘局，卻又吝於犒賞在前線賣命奮戰的士兵，最終主將戰死，齊軍全軍覆沒。為了保存性命，齊湣王被迫狼狽地逃到莒地。

楚王知道了齊國被聯軍攻打的消息，便派將領淖齒前往拯救。沒想到，齊湣王和淖齒發生不和，最後，他竟然被淖齒殺害了。事件中，聯軍佔領了齊國七十多個城邑，掠奪了齊國大量金銀財寶，令齊國幾乎亡國。

這便是成語「貪小失大」的由來。這成語告誡人們，不要因為吝嗇小利益，而作出錯誤的決定，以致造成嚴重的損失。

◎ 戰國時期：公元前476年至公元前221年。

一個晴空萬里的初秋早晨，齊國宰相韓聶帶領多名官員站在齊國首都臨淄城門外等候，場面隆重。

忽然，一隊一百五十輛馬車的馬車隊，浩浩蕩蕩地向城門駛來。

看著車隊由遠而近，韓聶想：「蘇秦名聞天下，他剛被燕王封為宰相和武安君。我想，能夠讓我們主上當作諸侯一樣接待的策士，除了他，天下可能再也不會有第二人了。」

◎ 臨淄：今山東省淄博市臨淄區。
◎ 韓聶：生卒年不詳，活躍於齊湣王期間。（城門前紅衣者）

韓聶熱情地接待過蘇秦之後，便親自駕車送蘇秦往王宮去見齊王。

車上，蘇秦看著街道兩旁的繁華景象，感慨地說：「我來過臨淄很
多次了，每次，當我看著這個擁有七萬戶人家的城市，便從心底讚
歎當今的齊王，他比當年的齊桓公更賢明啊！」

韓聶回答說：「也只有先生您可以自比輔佐齊桓公的管仲啊！我今天能夠為先生駕車，真是榮幸啊！」蘇秦得意地望著韓聶微笑。

◎ 蘇秦：生年不詳，卒於公元前284年，戰國時期著名的縱橫家。（車上右一）

◎ 齊桓公：生年不詳，卒於公元前643年，春秋時期齊國君王，在管仲的輔佐下，提出「尊王攘夷」的政策，是春秋五霸之一。

◎ 管仲：生於公元前725年，卒於公元前645年。

蘇秦這次來齊國的目的，是要遊說齊湣王出兵攻打宋國。他知道齊
湣王想侵佔富庶的宋國很久了，只是懼怕其他國家會干涉，才遲遲
不敢出兵而已。

蘇秦來到齊宮，向齊湣王行禮後，便打開他帶來的地圖，對齊湣王
說：「大王，宋國位居中原要衝，定陶是個商業活動蓬勃的城市，

如果大王攻下宋國、取得定陶，齊國的國力一定會大大提升。」

◎ 齊湣王：生年不詳，卒於公元前284年。（右一）

◎ 定陶：宋國的商業大城，位居交通樞紐，今山東省菏（音同「荷」）澤市。

齊湣王蹙著眉頭回答説：「當年先王出兵攻佔燕國，六國便結盟對付我國，那次，損失慘重啊！今天，寡人出兵攻打宋國，其他國家會坐視不管嗎？如果引來秦國的干預，那我們便得不償失了。」

蘇秦説：「大王大可以放心，燕王已經準備和齊國聯合攻打宋國了。而秦國呢？它正在準備攻打魏國，它還擔心齊國會和其他國家

聯手妨礙它呢！大王，我可以說服秦王，讓秦國和齊國互不干涉，
各取所需的。」

對蘇秦的話，齊湣王仍然半信半疑。

不久，果然有兩萬名燕國軍人來到齊國邊境，他們帶備糧食正在待命。這時，秦軍也向魏國發動了進攻。齊湣王認為攻打宋國的時機到了，便派大將軍觸子帶領大隊士兵，到邊境去和燕軍會合，一同進攻宋國。

攻打宋國的戰役並不順利。首先是燕國將領張魁得罪了齊湣王，被

湣王殺了，燕、齊聯軍差點兒因此而解體。然後是秦軍大敗魏軍，魏國割地求和。秦國撤軍後，便和趙國聯手來攻打齊國。齊湣王唯有命令觸子從宋國撤軍，回來保衛國家。

◎ 觸子：生卒年不詳，齊國將領，活躍於齊湣王期間。（中間正面持劍者）
◎ 張魁：生卒年不詳，燕國將領，活躍於齊湣王與燕昭王期間。

過了好一段日子，齊湣王又和秦昭襄王結盟了，秦王自稱為西帝，
齊湣王也自封為東帝。

聽到齊湣王要稱帝的消息，蘇秦趕緊前來求見，他說：「大王啊，
連周天子都只自稱為王，不敢稱帝。現在，齊、秦兩國稱帝，其他
諸侯心中會有何感想呢？」

湣王低頭不語，他心裡明白，其他諸侯心中一定不服氣。

蘇秦又說：「秦國和齊國結盟，目的是要利用齊國的兵力去攻打趙國。現在趙國兵強馬壯，如果齊國與趙為敵，便會消耗自己的實力，這值得嗎？您還是趁著現在宋國局勢混亂，趕緊攻取宋國吧。」

◎ 秦昭襄王：生於公元前325年，卒於公元前251年。（右一）

155

聽從蘇秦的建議，齊湣王取消了帝號，又邀集趙、楚、魏、韓的力
量，組成合縱聯軍，一同攻打秦國。在寡不敵眾的情況下，秦王宣
佈廢除帝號。在這次合縱攻秦行動中，蘇秦身兼多國宰相，一時聲
威顯赫。

齊湣王在攻秦的同時，再次出兵攻打宋國。而魏國和趙國又趁齊國
空虛，聯合起來進軍齊國。齊湣王只好從宋國退兵。

兩次攻宋都不成功，齊湣王很是惱火。秦昭襄王也不願放棄魏國。
這樣，齊、秦兩國不久又再聯手，分別對宋國和魏國進行侵略。

由於魏國要忙於應付秦軍，沒辦法救宋，於是，齊軍很快便佔領了
定陶城。

捷報傳來，齊國大臣們紛紛向齊湣王祝賀：「定陶城終於歸我們所有，恭喜大王、賀喜大王！」

齊湣王笑逐顏開，這時候的他，已經被勝利沖昏了頭腦，沒察覺到諸侯各國不甘心齊國獨享宋國財富。

一年後，秦國率先向齊國發動猛烈的攻擊，在秦軍一連攻佔了齊國九座城池之後，更可怕的惡夢發生了……

「稟大王，秦軍聯同韓、趙、魏、燕國的軍隊，由燕國大將軍樂毅率領，正向我國進攻。」

聽報聯軍來勢洶洶，眼看當初聯合攻宋的燕國，竟然也和其他國家一同進犯齊國，齊湣王既害怕又忿怒。

◎ 樂毅：生卒年不詳，是魏國名將樂羊的後代，本來是魏國的將軍，後來為燕國統帥五國聯軍攻齊，因戰功彪炳，受封為昌國公。

齊湣王想了很久，終於想通：「那個奉燕昭王之命來遊說我出兵宋國的蘇秦，根本就是燕國派來的間諜。」

他忿恨地說：「這個蘇秦，表面上協助我國，讓燕國來幫助攻打宋國，實際上，他是在引其他國家聯合來對付寡人，哼！他真是罪該萬死。」

齊湣王怒火中燒，他不容許蘇秦申辯，便以反間罪將他處以五馬分屍的
極刑。

情緒惡劣的齊湣王，對大將軍觸子下令說：「你從速出兵攔截聯軍。」

這時的齊軍，經過連年征戰，折損嚴重，軍力大減。觸子計劃先守住有天險優勢的濟水，爭取時間集結兵力，伺機而動。

見觸子在濟水按兵不出，齊湣王心焦如焚，他派人去威脅觸子說：
「如果你不立刻進軍，寡人將殺光你全家，並且挖掉你的祖墳。」

觸子聽了，悲憤難平，他想不到自己為齊國出生入死多年，竟然會
換來如此冷酷的待遇。

◎ 濟水：發源於河南省濟源市，流經齊國境內，從山東省入渤海。

這時的五國聯軍，人強馬壯，士氣高昂。而齊軍呢？人人身心疲憊，士氣低落，只能夠勉強拿起武器來應戰罷了。

在聯軍和齊軍對峙的時候，觸子突然下令：「鳴金收兵！」

齊軍便在慌亂中撤退了。原來，觸子對齊湣王已經心灰意冷，不願意再為他作戰。趁著士兵亂作一團的時候，觸子搭上馬車，逃離戰場，從此下落不明。

◎ 鳴金收兵：指在戰爭中，「聞鼓聲而進，聞金聲而退」。以鳴金為信號，撤兵離開。鳴金即鳴鉦，鉦是一種銅製的打擊樂器。

觸子不戰而退的消息，氣壞了齊湣王，他趕緊指派副將達子收拾殘局。

「我們已經被逼退到臨淄城門附近了，敵軍聲勢浩大……」士兵們心有餘悸地向達子反映戰況。

達子用誠懇的語調對士兵們說：「大家辛苦了！我知道這是一場血

戰。但是請各位想想，齊國之所以有今天，不就是靠著我們軍人拼
死奮戰得來的嗎？請大家繼續勇往直前吧！我會向大王請求重賞，
讓各位無後顧之憂的。」

達子的誠意，感動了士兵們，大家鼓起勇氣，再次奮力作戰。

◎ 達子：生年不詳，卒於公元前285年，齊國將領。（中間正面持劍者）

為了激勵士氣，達子親自前往王宮，向齊王建議對拼死奮戰的士兵賞以重金。可是，齊湣王聽達子說明來意之後，竟然悻悻然地說：

「哼！這些下賤的士兵，不就是因為他們沒有奮力抗敵，我們才會被打得兵敗如山倒嗎？他們現在竟然還敢開口要賞金？」

齊王的話，讓達子寒心，他深深歎了一口氣，沮喪地回到了軍營。

得不到賞金，士兵們的士氣再次低沉。在聯軍的猛烈攻勢下，對國
家忠貞不二的達子雖然奮力作戰，最終也戰死陣前，齊軍大敗。樂
毅率領燕軍乘勝攻進臨淄城，齊湣王被迫倉皇逃亡，輾轉逃到莒
地。

楚王見齊國危急，便派大將軍淖齒前來救援，但齊湣王與淖齒彼此
猜疑，最後齊湣王竟然被淖齒殺死了。

◎ 莒：今山東省日照市莒縣。
◎ 淖（國語音同「鬧」，粵語音同「雀」）齒：生年不詳，卒於公元前283年。（右一）

173

聯軍佔領了齊國大部分的領土，共七十多座城池，他們在臨淄城內大肆搶掠，連齊國金庫都搶劫一空。事件中，齊國軍民死傷慘重，損失的土地、財產不計其數。

當人們聽說齊國差點亡國、湣王慘死的悲劇時，都忍不住歎息說：
「齊湣王吝嗇於給兵士們賞金，造成無法彌補的損失。真是貪小失
大，得不償失啊！」

成語「貪小失大」，或「因小失大」，來自《呂氏春秋‧慎大覽‧權勳》。故事說齊湣王不善於觀察情勢，又不肯犒賞士兵，結果誤了國家大事。這故事告誡當領袖的人，不要為了吝嗇小利益，而造

成更大的損失。也要善於分辨局勢的輕重緩急，及時作出正確的決定。這成語後來延伸為：因為吝嗇或貪圖微小的利益，結果造成巨大的損失；或是拘泥於小事，卻耽誤了大事。

圖畫知識

01 銅殳

為戰國時期侍衛的守備兵器。參考陝西西安秦始皇帝陵出土銅殳首，秦始皇帝陵博物院藏。

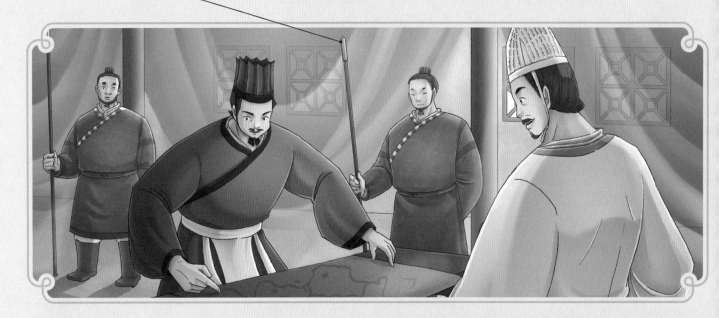

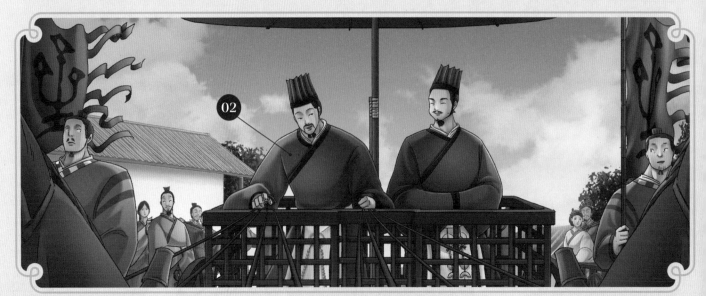

（上圖見PP.148-149，下圖見PP.146-147）

⓪② 曲裾深衣

曲裾深衣為戰國時期流行的服裝樣式，特色是把上衣與下裳一體剪裁，衣緣是交領曲裾，左側衣緣較長，並且裁剪成角狀，穿著時向右側環繞身體一周到兩周，並以腰帶在腰間束繫著。參考湖南長沙子彈庫楚墓出土戰國時期的人物御龍帛畫，湖南省博物館藏。

⓪③ 馬車

參考山東淄博臨淄區淄河店2號墓出土馬車復原圖。據《臨淄齊墓（第一集）》資料重繪。

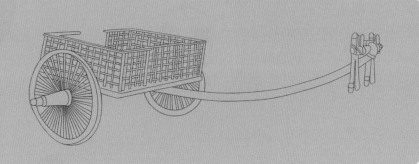

03

（圖見PP.144-145）

⑭ 燕

小篆的「燕」字，據漢字古今資料庫資料仿寫。

⑮ 秦

戰國時期秦系文字的「秦」字，據《戰國古文字典》資料仿寫。

⑯ 甲冑

戰國時期的甲冑（即盔甲）是將皮革裁成片塊狀，由紅色線繩組綴而成。參考湖北棗陽九連墩出土戰國時期的皮冑與皮甲，湖北省博物館藏。

（圖見PP.150-151）

07 銅劍

參考戰國時期的銅劍，淄博市博物館藏。自製彩繪圖。

08 秦國將軍服裝

秦國將軍服裝的特色為頭上戴鶡（國語音「何」，粵語音「渴」）冠，鶡冠可能是用皮革或多層漆布折疊而成。身穿皮革製成的甲衣，前胸、後背，以及雙肩均有花結，顯示高貴的等級。參考陝西西安秦始皇帝陵出土將軍俑，秦始皇帝陵博物院藏。

06 **07** **08**

（圖見PP.152-153）

09 趙

戰國時期晉系文字的「趙」字，據《戰國古文字典》資料仿寫。

10 韓

戰國時期秦系文字的「韓」字，據《戰國古文字典》資料仿寫。

11 楚

戰國時期秦系文字的「楚」字，據《戰國古文字典》資料仿寫。

12 宋

戰國時期楚系文字的「宋」字，據《戰國古文字典》資料仿寫。

(圖見PP.156-157)

09　10　11　12

⑬ 馬車

參考江蘇淮安運河
村戰國墓出土木雕鼓
車復原圖,據《淮安
運河村戰國墓木雕
鼓車保護與修復報
告》資料重繪。

⑭ 銅戈

銅戈是戰國時期常見的兵器,
適用於勾割、啄擊。參考戰國
時期的銅戈,淄博市博物館
藏。自製彩繪圖。

(上圖見PP.166-167,下圖見PP.174-175)

餘音繞樑

戰國時期，齊國的音樂發展蓬勃。齊國臨淄城西邊的城門之一，名叫雍門，那裡經常有民眾聚集。聚集的人，除了齊國人，也有其他諸侯國的人，他們常在那裡交流和表演音樂。

成語故事「餘音繞樑」就發生在雍門。這個故事記述在《列子‧湯問》中，是演唱家秦青對學生薛譚和友人所說的故事。故事說，一天，韓國的女歌手韓娥在齊國的雍門高歌一曲，在場聆聽的人，過了好幾天，耳朵裡似乎仍然聽到她的歌聲。

因此，人們以成語「餘音繞樑」來形容美妙動聽的音樂，令人難以忘記，它的餘音，好像環繞著屋樑，久久不曾消散一樣。

◎ 戰國時期：公元前476年至公元前221年。
◎ 秦青：生卒年不詳，戰國時期秦國人。
◎ 薛譚：生卒年不詳，戰國時期秦國人。

這是一個春風送暖，百花盛開的早上。在齊國首都臨淄西邊的雍門，
店家忙碌，顧客雲集。連行人也面露朝氣，準備迎接充實的一天。

這時，一個身材纖瘦的女子，帶著疲憊的腳步，隨著人群緩緩地走
進雍門。

面對熙來攘往，車水馬龍的景象，女子禁不住停下腳步，讚歎道：
「臨淄城，果然是個繁榮富庶的大都城啊！」

◎ 臨淄：今山東省淄博市臨淄區。

女子伸手掂了掂手邊的包袱，突然皺起了眉頭，自言自語地說：
「唉！我帶來的口糧都在路上吃光了，現在身無分文，該怎麼辦
好呢？」

她徬徨地看著人來人往的城門口，發起呆來⋯⋯

突然，她從喧譁的人聲之中，隱隱約約聽到吹竽和彈瑟的聲音。她靈機一動，想：「聽說齊國人，從君王到百姓都喜愛音樂，而我又能唱幾句，何不試試用歌聲來換點吃的呢？」

於是，她站到雍門的門邊，整理一下儀容，清了清嗓子，開始唱
起歌來。她的歌聲輕快悠揚，正在走路的人，都不自覺地停下了腳
步；正在工作的人，也都停下了手。大家都被她那優美的歌聲吸引
住，安靜地在聆聽著⋯⋯

「咦！是誰在唱歌啊？唱得真是好聽。」

「是啊，這歌聲真是悅耳。」

女子唱完一曲，人們回一回神，不約而同地鼓掌叫好。

女子向周圍的民眾行了個禮，說：「各位齊國的鄉親們，小女子名叫韓娥，遠道從韓國來到這兒，身上盤纏與口糧剛好都用盡了。因此，獻醜高歌一曲，想藉此換點吃的。」

◎ 韓娥：生卒年不詳，戰國時期韓國人。（中間紫衣背對者）

「妳的聲音好美喲，我這兒有點錢，妳拿去買點東西吃吧。」一個中年男子邊說邊把錢遞給韓娥，韓娥開心地接過錢。

「我家裡還有點吃的東西，我這就回去拿給妳，妳不要走開啊！」

一個老婆婆說著，便離開人群。韓娥站在那兒，笑了。

這時，人們向她圍過來，稱讚她的歌聲，並且送上饋禮，她感動地一一接受。

第二天，一個居住在雍門旁邊的老先生從屋外回到家，他神情疑惑地問正在忙於家務的老伴：「昨天那位韓國小娘子，還沒離開嗎？」

老婆婆抬頭看看老先生，不解地說：「她不是昨天就走了嗎？你怎麼這樣問呢？」

老先生依然滿臉疑惑地說：「我怎麼好像還聽到她的歌聲呢？我出去看看，她是不是還沒離開。」說著便向大門走去……

來到雍門，老先生看到許多和他一樣的民眾，大家都說自從昨天聽
了韓娥唱歌之後，耳畔一直響著韓娥的歌聲，現在確認韓娥不在，
才失望地離開。

天色昏暗了，這時的韓娥正徘徊在臨淄城西的另一條街道上，她走進一家旅店，準備投宿。

沒想到，店主竟帶著鄙夷的眼神，不屑地對她說：「瞧妳，衣衫襤褸的，哪像是付得起住宿費的人啊！本店是不會供人白住的，妳快走吧！」

韓娥拎著包袱，惶然無助地呆站在旅店門口。受到店家的羞辱，加
上思鄉的情緒，她悲從中來，哭泣起來……

正在旅店裡歡樂飲酒的旅客們，突然沉靜下來，臉上泛起了哀愁，
有人說：「我好想回家啊……」

在昏黃的燈光下，旅人們滿臉的悲傷，手中的酒也變得苦澀難嚥。

韓娥邊走邊啜泣，嗚嗚咽咽，忽高忽低的哭聲，隨著步履起伏，深深地感染了周圍的人⋯⋯

在路旁閒話家常的老人家們，驟然眉頭深鎖，哀歎起來；正在趕路的行人，步伐突然變得沉重，心中泛起一股莫名其妙的哀傷⋯⋯

孩童們的反應最強烈了，他們原本在興高采烈地玩耍著的，聽到韓娥的哭聲後，便突然「哇！哇！」大哭起來了。

三天後，一個剛到達旅店的舊旅客，問周圍的人：

「你們怎麼都變得愁容滿面的呢？談吐、臉色盡是哀傷，這兒究竟發生了什麼事呢？」

一個人回答說：「我也感到莫名其妙啊！自從三天前一個女人在這兒哭過之後，大家都鬱悶起來了，做什麼事都提不起勁，連飯也不想吃了。」

店主在旁聽到，想起來了：「真的，自從那個女子離開以後，這兒便充滿了陰霾，旅店的生意也大不如前了。」於是他派人去找韓娥。

店主在旅店門口來回走動著，見到他派去的人領著韓娥回來，趕忙走上前，向韓娥行禮說：「我被錢給蒙住了眼睛，開罪了您，萬分抱歉！」

韓娥整了整衣裙，向店主回禮說：「您客氣了，不知道您找我回來，有什麼事呢？」

店主尷尬地說：「請您回來，是想補償我之前對您的不敬。先前您在這兒哭泣後，這一帶的人都變得哀傷起來。我願意向您道歉及賠償，希望您能想辦法替我們找回歡樂。」

愈來愈多人圍過來，哀傷地看著韓娥，韓娥低聲地說：「十分抱歉，沒想到我的哭聲會令大家情緒這麼低落，我真想幫大家想想找回歡樂的辦法啊！」

這時，有人認出了韓娥，說：「妳是之前在雍門唱歌的那位女子嗎？妳的歌聲真是動聽啊！」

「是妳呀，我老伴整天忘不了妳的歌聲，他特地跑去雍門找妳呢。」

這些話提醒了韓娥，她微笑地說：「是的，那天在雍門唱歌的，正是小女子韓娥。承蒙各位對我的厚愛，我很願意再為大家唱歌。」

韓娥想了一些歡樂的曲子，笑容滿面地為大家唱起歌來。

隨著她愉快的歌聲，原本氣氛低迷的旅店又重現了昔日的歡樂，客人們談笑風生；附近的居民聽到韓娥的歌聲，心情都開朗起來了，人人笑容滿面；路旁的花兒迎風搖曳，蝴蝶高興地在花間飛舞……雍門一帶，充滿了歡欣和諧。

韓娥的歌聲帶給了大家歡樂，大家都感謝她。在她離開之前，居民
們為她準備了各式各樣豐厚的禮物。

旅店的主人熱情地對她說：「無論任何時候，小店都歡迎妳的到來，我們樂意為妳提供免費的住宿服務。」

韓娥離開了，但是大家依然懷念她的歌聲。她所唱過的歌，不管是
歡快的，還是悲傷的，都被當地的居民們一再流傳。

日子久了，雍門一帶的居民都喜愛上了唱歌。

美妙的音樂會隨著時間而流逝，但它所給予人們的歡欣與感動，卻不隨著時間而消失。

人們用「餘音繞樑」來形容美妙的音樂，動聽得令人難以忘記。它們好像久久仍在人們的耳畔迴響著，人們因它們而激發出來的感動，會一直烙印於心底，永不泯滅。

從「餘音繞樑」的故事中，我們也體會到戰國時代的齊國人對音樂

的熱誠，他們不僅有高超的音樂鑑賞力，而且能夠吸收其他國家的
優秀音樂。相信，這也是齊國的音樂水平不斷提高的原因吧！

圖畫知識

① 女子髮式

戰國時期女子的髮式，有的是將頭髮梳向腦後，編成一束垂於背後。參考河北平山中山國墓出土戰國時期的玉人。自製線繪圖。

② 直裾深衣

為戰國時期常見的服裝。參考河北易縣高陌鄉武陽台村出土戰國時期的青銅人，河北省文物研究所藏。

（圖見PP.188-189）

③ 織布機

參考魯機復原圖，據《中國紡織科學技術史》資料重繪。

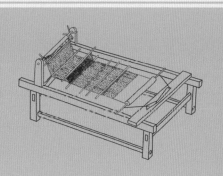

（上圖見PP.198-199，下圖見PP.192-193）

④ 齊國男女服飾

齊國服飾的特色為前襟短小、袖筒緊窄、領緣與袖緣邊窄，以及上面有點、線等幾何紋飾。參考山東淄博臨淄區趙家徐姚村西北齊墓出土戰國時期的陶俑，齊文化博物院藏。

⑤ 竹簡

為戰國時期書寫媒介。參考戰國時期的竹書，上海博物館藏。

（圖見PP.200-201）

05

筑（音同「竹」），戰國中晚期開始流行
的一種擊弦樂器，上有五弦，演奏方式為
一手持筑，另一手執竹尺或木筑棒擊弦發
音。因為筑為木製，保存不易，目前出土
最早的筑是漢代的筑。參考湖南長沙望城
坡古壇院1號漢墓出土的五弦漆木筑，長
沙簡牘博物館藏。

⑥

（圖見PP.208-209）

07 酒

戰國時期秦系文字的「酒」字，據《戰國古文字典》資料仿寫。

08 陶豆

為戰國時期常用的食器，用來盛裝食物。參考山東淄博臨淄區相家莊出土戰國時期的陶豆。自製線繪圖。

（圖見PP.202-203）

07

⑨ 陶敦

為戰國時期常用的食器，如當今的碗。參考山東淄博臨淄區相家莊出土戰國時期的陶敦。自製線繪圖。

⑩ 陶卮

為戰國時期常用的飲酒器。參考山東淄博臨淄區相家莊出土戰國時期的陶卮。自製線繪圖。

⑧　⑨　⑩

（圖見PP.204-205）

齊國成語故事拾遺

作者 凌公山

下冊的齊國成語故事，除了「餘音繞樑」外，其餘四則故事都發生在齊宣王（公元前 319 年至前 301 年在位）、齊湣王（公元前 300 年至前 284 年在位）時期。

安步當車

這一則成語故事，要傳達的有兩個訊息。首先是顏斶告誡齊宣王要尊士、貴士。在古代，王者常以孤寡自稱，以顯示自身的低賤。事實上，這只是一種以退為進的作法而已，是一種手段。顏斶也知道，尊士、貴士的目的，是讓士為維護王者統治而效力，使王者成為真正的天下至尊。

顏斶這種思想是受老子（李耳，字聃）的影響。老子曾說：「故貴以賤為本，高以下為基」，意思是若得貴，先得居賤，若得上，先得處下。顏斶沿用其意，並成為一種政治修為。

另外一個要點是顏斶的返璞歸真和無欲則剛的心懷，也就是回歸自然，清靜自潔。這多少是受老子、莊子（莊周）的影響，因而能把吃飯當作吃肉，走路當作坐車，不違法當作富貴，過著安逸愉快的生活。

濫竽充數

這則與音樂有關的成語故事，講的是南郭先生。齊宣王喜好聽吹竽，組織了龐大的吹竽樂班，因俸祿豐厚，南郭先生冒充善吹竽而混入樂班，結果得了個濫竽充數的罵名。

故事中，南郭先生應該是位音樂鑑賞家或音樂教師，並非一定要善於吹竽，然而假冒能人就是大錯，貪圖官府供養更不可取。

一個樂團或音樂班子，是由多人組成，南郭先生說能融合於合奏的獨奏才完美，聽不出技藝的技法才高超，否則各自爭鳴，紊亂吵耳了，這話也有道理。樂團的成員有亂吹亂響的，固然立時被糾正，容易處理，像南郭先生在樂團中不吹不響的很難被發現，這是一種「不作為」的惡，如果長期留在樂團中，一定會危害音樂的演出。

在政治方面，為官如果不專業，還不作為，是可怕的惡，若姑息養奸，必敗壞政務，所以為政者一定要知道每位成員的能力和專長，才能督導，發揮績效。

狡兔三窟

孟嘗君，即齊望族田嬰之子田文，因母賤不得寵，並生於不吉之日，又相貌平平，因而備受歧視，形成了乖僻的性格。孟嘗君為了政治抱負，廣招天下養士三千人，三教九流皆善待。因有食客數千人，在當時被列四公子之首，名滿天下。

孟嘗君的確因門客協助，獲得襲封於薛地（今山東省滕州市東南）。齊湣王時，先入秦，後來逃回齊國任政。為相多年並無政績，由於權勢大，遭湣王驕橫猜忌。後來離開齊國到了魏國，魏昭王以為相。孟嘗君入魏後，極力主張伐齊，又參與合縱攻齊，與秦趙燕聯軍擊破齊國，背叛祖國，是齊國罪人。

這則成語故事的主角是門客馮諼，在孟嘗君門下，能要魚有魚吃，要車有車坐，看似狂妄，實際上是真有本事。孟嘗君能依順禮遇門客也是難能可貴。

孟嘗君的三窟之一，買義燒掉債據，最具人性，充滿關懷，令人動容。站在廣大民眾一方的，永遠是對的，會獲得推崇愛戴。

之二，計劃前赴魏國，這是馮諼所採用的激將手法，為孟嘗君討回齊相官位。不過，以孟嘗君為相的表現，可見齊湣王是個識人不深的君主。

之三，設立先王宗廟於薛，這是精神面的建設。由於孟嘗君是齊國田氏望族成員，爭取並不困難，而效果是立竿見影的。

孟嘗君雖可高枕無憂，但是為人以誠為本，處處計較處心積慮，終不免歷史的批判。

貪小失大

這則通俗常用的成語，源自齊湣王的故事。

齊湣王在位初期，國勢強盛，並有統一天下的志向。傳承齊國「尊賢尚功」的思想路線，因而廣納雅言，勵精圖治。可惜，齊湣王年老時，驕橫暴虐、好貨好色、好樂好勇，喜誇功自喜。由於剛愎自用，近小人，愛奉承，致使齊國賢人出走，宗族離心。加上連年征戰，國力快速衰竭，國家已面臨危機之中。

樂毅率燕、趙、秦、韓、魏五國聯軍攻齊時，齊湣王因貪財，不願對拚死奮戰的士兵賞以重金，造成士氣低落，結果全軍覆沒，導致燕軍入臨淄，大肆搶掠，軍民死傷無數，幾乎亡國，真是貪小失大，得不償失。貪小失大，不僅是對資產錢財而已。從一開始，齊湣王貪宋國的富饒，出兵亡宋，導致五國聯軍入齊，也是貪小失大。

齊湣王晚年昏庸，喜奸佞小人的諂媚，不愛忠臣諍言，因此，大賢能士紛紛背離或隱退，這又是一類貪小失大。誠如孔子對血氣已衰的老者提出的告誡：「戒之在得」。

餘音繞樑

這句成語和音樂相關。故事中的人物是位女歌唱者，耳的歌聲令人難以忘懷。

音樂藝術最迷人之處就是它的吸引力，歌唱、舞蹈、音樂演奏、戲曲表演，都能感動觀眾。演出者的喜、怒、哀、樂，都能影響周遭人群。一位藝術家的言行舉止、哭笑嬉鬧，也具感染力。是因為藝術的魅力，女歌者的「曼聲哀哭」才讓聽者產生共鳴，互相傳染，自然愁雲不散。

藝術的另一迷人之處在於，接觸藝術久了，還會產生再創造的現象。女歌者的歌對齊人來說，聽了以後，還會反覆回響，再加上自己的感受，讓音樂內容更豐富，使自己更加喜歡。隨著不同時間、不同環境、不同心情、不同的感覺，會產生千變萬化的結果，讓人沉浸在旋律和節奏中，是種至高的精神饗宴。

所以，歌唱樂聲，餘音嫋嫋，不斷變化流傳，被人喜愛。

作者簡介

凌公山，現任香港商小皮球文創事業有限公司台灣分公司董事長。曾任台北藝術大學副教授兼圖書館館長。

中國歷代年表

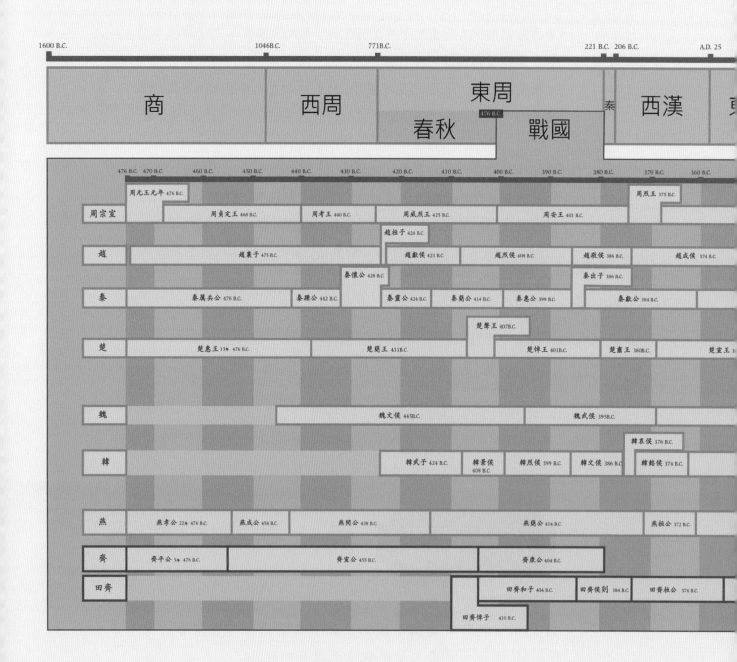

	1600 B.C.	1046B.C.	771B.C.		221 B.C. 206 B.C.	A.D. 25

商　　西周　　東周　　476 B.C.　　春秋　　戰國　　秦　　西漢　　東

	476 B.C.	470 B.C.	460 B.C.	450 B.C.	440 B.C.	430 B.C.	420 B.C.	410 B.C.	400 B.C.	390 B.C.	380 B.C.	370 B.C.	360 B.C.
周宗室	周元王元年 476 B.C.		周貞定王 468 B.C.		周考王 440 B.C.		周威烈王 425 B.C.		周安王 401 B.C.			周烈王 375 B.C.	
趙		趙襄子 475 B.C.				趙桓子 424 B.C. 趙獻侯 423 B.C.		趙烈侯 408 B.C.		趙敬侯 386 B.C.		趙成侯 374 B.C.	
秦		秦厲共公 476 B.C.		秦躁公 442 B.C.	秦懷公 428 B.C.		秦靈公 424 B.C.	秦簡公 414 B.C.	秦惠公 399 B.C.		秦出子 386 B.C. 秦獻公 384 B.C.		
楚		楚惠王 13年 476 B.C.			楚簡王 431B.C.			楚聲王 407B.C. 楚悼王 401B.C.		楚肅王 380B.C.		楚宣王 3	
魏					魏文侯 445B.C.				魏武侯 395B.C.				
韓					韓武子 424 B.C.	韓景侯 408 B.C.	韓烈侯 399 B.C.	韓文侯 386 B.C.	韓哀侯 376 B.C. 韓鶵侯 374 B.C.				
燕	燕孝公 22年 476 B.C.		燕成公 454 B.C.	燕閔公 438 B.C.		燕簡公 414 B.C.			燕桓公 372 B.C.				
齊	齊平公 5年 476 B.C.		齊宣公 455 B.C.		齊康公 404 B.C.								
田齊					田齊悼子 430 B.C.	田齊和子 404 B.C.	田齊侯剡 384 B.C.	田齊桓公 374 B.C.					

234

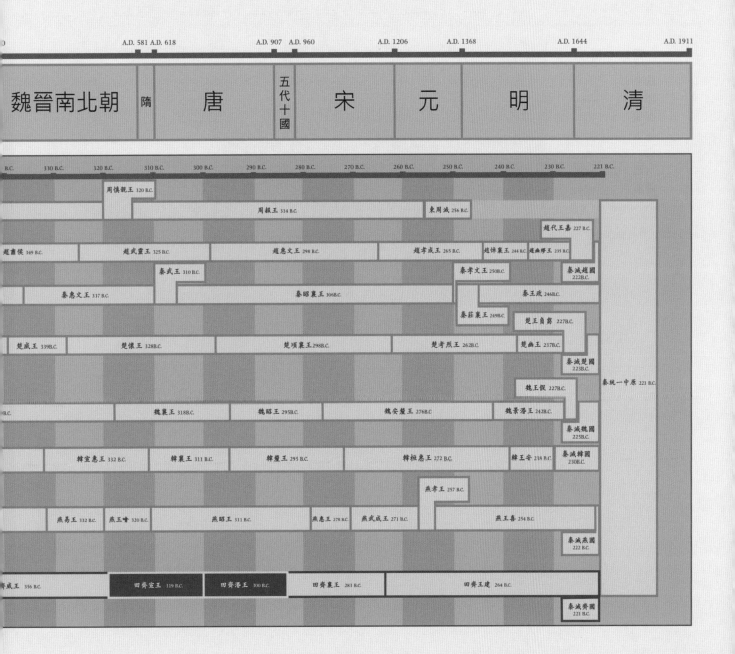

魏晉南北朝　隋　唐　五代十國　宋　元　明　清

330 B.C.　320 B.C.　310 B.C.　300 B.C.　290 B.C.　280 B.C.　270 B.C.　260 B.C.　250 B.C.　240 B.C.　230 B.C.　221 B.C.

周慎覜王 320 B.C.

周報王 314 B.C.

東周滅 256 B.C.

趙代王嘉 227 B.C.

趙肅侯 349 B.C.　趙武靈王 325 B.C.　趙惠文王 298 B.C.　趙孝成王 265 B.C.　趙悼襄王 244 B.C. 趙幽繆王 235 B.C.

秦武王 310 B.C.

秦孝文王 250B.C.

秦滅趙國 222B.C.

秦惠文王 337 B.C.　秦昭襄王 306B.C.　秦王政 246B.C.

秦莊襄王 249B.C.

楚王負芻 227B.C.

楚威王 339B.C.　楚懷王 328B.C.　楚頃襄王 298B.C.　楚考烈王 262B.C.　楚幽王 237B.C.

秦滅楚國 223B.C.

魏王假 227B.C.

秦統一中原 221 B.C.

B.C.　魏襄王 318B.C.　魏昭王 295B.C.　魏安釐王 276B.C.　魏景湣王 242B.C.

秦滅魏國 225B.C.

韓宣惠王 332B.C.　韓襄王 311 B.C.　韓釐王 295B.C.　韓桓惠王 272 B.C.　韓王安 238B.C.

秦滅韓國 230B.C.

燕孝王 257 B.C.

燕易王 332 B.C.　燕王噲 320 B.C.　燕昭王 311 B.C.　燕惠王 278 B.C.　燕武成王 271 B.C.　燕王喜 254 B.C.

秦滅燕國 222 B.C.

田齊威王 356 B.C.　田齊宣王 319 B.C.　田齊湣王 300 B.C.　田齊襄王 283 B.C.　田齊王建 264 B.C.

秦滅齊國 221 B.C.

馬陵戰後至即墨之戰(341B.C.-279B.C.)的列國疆域圖

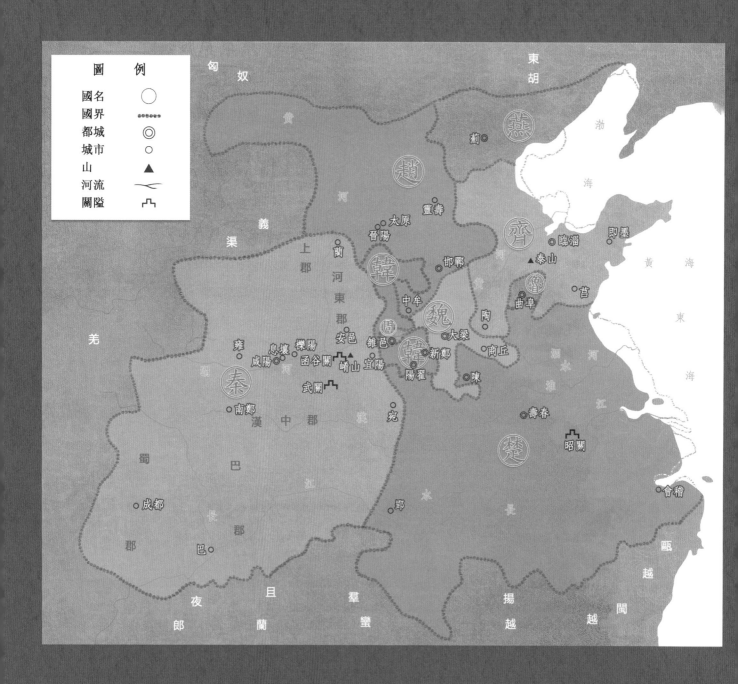

相關故事：安步當車、濫竽充數、狡兔三窟、貪小失大

戰國初年(350B.C.)列國疆域圖

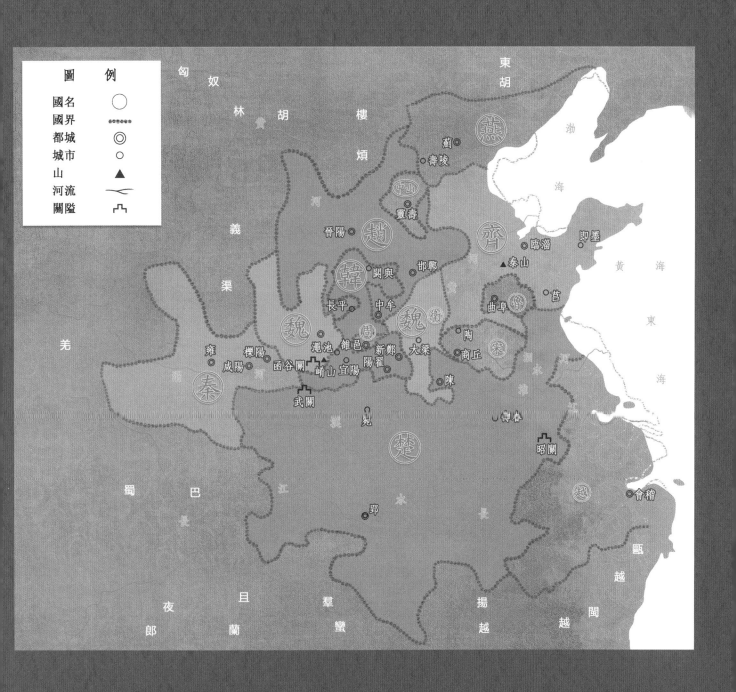

圖例

國名 ◯
國界 ⬤⬤⬤⬤
都城 ◎
城市 ◦
山 ▲
河流 〜
關隘 凸

匈奴
林胡
胡
義渠
羌
蜀
巴
夜郎
且蘭
羣蠻
揚越
閩越
越

東胡
樓煩
燕
薊
壽陵
中山
靈壽
晉陽
趙
韓 閼與 邯鄲
長平 中牟 魏
魏 周 衛
澠池 雒邑 新鄭 大梁
雍 櫟陽 函谷關 陽翟 陳
咸陽 崤山 宜陽
秦 武關
宛
楚
郢

齊
臨淄 即墨
泰山 莒
魯 曲阜
陶 商丘
宋
淮

昭關
渤海
黃海
東海

越
會稽
甌越

相關故事：餘音繞樑

237

參考書目

安步當車

1. 〔宋〕聶崇義：《新定三禮圖》，北京：中華書局，1992。
2. 大阪府立弥生文化博物館編集：《中国仙人のふるさと：山東省文物展》，山口縣萩市：山口縣立萩美術館，1997。
3. 山東省文物考古研究所編著：《山東20世紀的考古發現和研究》，北京：科學出版社，2005。
4. 山東省文物考古研究所編著：《臨淄齊墓》，北京：文物出版社，2007。
5. 中國國家博物館編：《文物春秋戰國史》，北京：中華書局，2009。
6. 古代オリエント博物館等編集：《山東省文物：孔子の原鄉四千年展》，東京都：旭通信社，1992。
7. 安立華：《齊國瓦當藝術》，北京：人民美術出版社，1998。
8. 曲英杰：《齊國故都臨淄》，濟南：山東文藝出版社，2004。
9. 何琳儀：《戰國古文字典》，北京：中華書局，1998。
10. 李學勤主編：《中國古代歷史與文明——戰國史與戰國文明》，上海：上海科學技術文獻出版社，2007。
11. 段宏振：《趙都邯鄲城研究》，北京：文物出版社，2009。
12. 夏征農、陳至立編：〈中國歷史紀年表〉，《辭海》，上海：上海辭書出版社，2011。
13. 高上雯：〈戰國時代的發展變遷與疆域圖之研究〉，《淡江史學》，2013年，25期，頁1-24。
14. 溫洪隆注譯：《新譯戰國策》，台北：三民書局，2006。
15. 劉永華：《中國古代車輿馬具》，上海：上海辭書出版社，2002。

濫竽充數

1. 〔宋〕聶崇義：《新定三禮圖》，北京：中華書局，1992。
2. 山東省文物考古研究所：《臨淄齊墓》，北京：文物出版社，2007。
3. 中國音樂文物大系總編輯部：《中國音樂文物大系·山東卷》，鄭州：大象出版社，2001。
4. 王志民：〈特色獨具的齊國音樂藝術〉，《教育評論》，1992年，第3期，頁45-49。

5. 何琳儀：《戰國古文字典》，北京：中華書局，1998。

6. 余甲方：《中國古代音樂史》，上海：上海人民出版社，2014。

7. 夏征農、陳至立編：〈中國歷史紀年表〉，《辭海》，上海：上海辭書出版社，2011。

8. 高上雯：〈戰國時代的發展變遷與疆域圖之研究〉，《淡江史學》，2013年，第25期，頁1-24。

9. 張越、張要登：〈齊國音樂藝術探析〉，《東岳論叢》，2011年，第9期，頁95-103。

10. 張越、張要登：《齊國藝術研究》，濟南：齊魯書社，2013。

11. 靳桂雲：〈齊國樂舞文化的考古發現〉，《管子學刊》，1995年，第2期，頁92-94。

12. 劉永華：《中國古代車輿馬具》，上海：上海辭書出版社，2002。

13. 賴炎元、傅武光注譯：《新譯韓非子》，台北：三民書局，2007。

狡兔三窟

1. 〔宋〕聶崇義：《新定三禮圖》，北京：中華書局，1992。

2. 于孔寶：〈古代最早的絲織業中心——談齊國「冠帶衣履天下」〉，《管子學刊》，1992年，第2期，頁55-62。

3. 山東省文物考古研究所編著：《臨淄齊墓》，北京：文物出版社，2007。

4. 王方：〈從楚服到齊服：戰國時代服飾研究的新材料與新認識〉，《藝術設計研究》，2014年，第1期春季號，頁79-82。

5. 何琳儀：《戰國古文字典》，北京：中華書局，1998。

6. 宋金英：《齊國絲綢與絲綢服飾》，蘇州大學高等教師碩士論文，2010年5月。

7. 夏征農、陳至立編：〈中國歷史紀年表〉，《辭海》，上海：上海辭書出版社，2011。

8. 高上雯：〈戰國時代的發展變遷與疆域圖之研究〉，《淡江史學》，2013年，第25期，頁1-24。

9. 張永義：〈穿衣之道：諸子爭辯的一個話題〉，《現代哲學》，2007年2月，頁80-85。

10. 張越：〈齊國服飾藝術初探〉，《東岳論叢》，2009年，第30卷第3期，頁17-24。

11. 楊寬：《戰國史》，台北：台灣商務印書館，1997。

12. 楊寬：《戰國史料編年輯證》，台北：台灣商務印書館，2002。

13. 溫洪隆注譯，《新譯戰國策》，台北：三民書局，2006。

14. 劉永華：《中國古代車輿馬具》，上海：上海辭書出版社，2002。

15. 韓兵、孟祥三：〈淺析先秦時期服飾材料與加工工具〉，《山東紡織經濟》，2011年，第5期，頁67-68。

貪小失大

1. 〔宋〕聶崇義：《新定三禮圖》，北京：中華書局，1992。
2. 上海博物館青銅器研究部編：《上海博物館藏錢幣·先秦錢幣》，上海：上海書畫出版社，1994。
3. 山東省文物考古研究所編著：《臨淄齊故城》，北京：文物出版社，2013。
4. 中國錢幣博物館編：《中國錢幣博物館藏品選》，北京：文物出版社，2010。
5. 朱永嘉、蕭木注譯：《新譯呂氏春秋（上）》，台北：三民書局，2009。
6. 何琳儀：《戰國古文字典》，北京：中華書局，1998。
7. 夏征農、陳至立編：〈中國歷史紀年表〉，《辭海》，上海：上海辭書出版社，2011。
8. 浙江省博物館編：《泉林剪影》，杭州：浙江古籍出版社，2009。
9. 高上雯：〈戰國時代的發展變遷與疆域圖之研究〉，《淡江史學》，2013年，25期，頁1-24。
10. 高民英、王雪農：《古代貨幣》，北京：文物出版社，2008。
11. 陳彥良：〈中國古代的貨幣區系、黃金流動與市場整合〉，《台大歷史學報》，2005年，第 36 期，頁 217-265。
12. 黃錫全：《先秦貨幣通論》，北京：紫禁城出版社，2001。
13. 楊寬：《戰國史》，台北：台灣商務印書館，1997。
14. 楊寬：《戰國史料編年輯證》，台北：台灣商務印書館，2002。
15. 劉永華：《中國古代車輿馬具》，上海：上海辭書出版社，2002。
16. 蔡慶良、張志光主編：《秦業流風：秦文化特展》，台北：台北故宮博物院，2016。

餘音繞樑

1. 〔宋〕聶崇義：《新定三禮圖》，北京：中華書局，1992。
2. 山東省文物考古研究所編著：《臨淄齊墓》，北京：文物出版社，2007。
3. 何琳儀：《戰國古文字典》，北京：中華書局，1998。
4. 汪維玲、王定祥：《中國古代婦女化妝》，陝西：陝西人民出版社，1991。
5. 周迅、高春明：《中國歷代婦女妝飾》，香港：三聯書店，1988。
6. 夏征農、陳至立編：〈中國歷史紀年表〉，《辭海》，上海：上海辭書出版社，2011。
7. 高上雯：〈戰國時代的發展變遷與疆域圖之研究〉，《淡江史學》，2013年，25期，頁1-24。
8. 高梅進：〈中國古代盒具的使用及發展——以春秋戰國和秦漢時期的盒具為例〉，《管子學刊》，2012年，第4期，頁85-87。

9. 莊萬壽注譯：《新譯列子讀本》，台北：三民書局，1996。

10. 湖北省荊沙鐵路考古隊：《包山楚墓》，北京：文物出版社，1991。

11. 劉永華：《中國古代車輿馬具》，上海：上海辭書出版社，2002。

12. 劉芳芳：〈古代妝奩探微〉，《文物春秋》，2011年，第5期，頁3-11。

13. 劉芳芳：〈戰國秦漢漆奩內盛物品探析〉，《文物世界》，2013年，第2期，頁24-30。

後記

「圖說中華文化故事」叢書自2014年12月首發第一輯《戰國成語與趙文化》以來，2016年底出版第二輯《戰國成語與秦文化》，2019年出版第三輯《戰國成語與楚文化》，此叢書在穩定中向前邁進。雖然每輯從資料蒐集、研究分析、故事撰寫、圖像繪製，到最後編輯設計及出版花費較多時間，但希望讀者能從我們團隊嚴謹、用心的慢工編繪中，欣賞到我們的那份用心細緻。

此叢書的幕後編輯工作關係方方面面，所涉及的多元專業參與及繁瑣程序的要求，其過程還真不亞於動畫電影的製作。同仁們經過近八年來的同心合作，已建立起良好的互動與默契。因此，此番呈現在讀者面前的第四輯，不論在畫面的豐富性、繪畫技巧的熟稔度，以及整體風格的掌握上，均更為提升。我們團隊希望，能為讀者編繪出內容豐富且更具高度美感的讀物。

自叢書第一輯《戰國成語與趙文化》、第二輯《戰國成語與秦文化》及第三輯《戰國成語與楚文化》發行以來，廣大讀者包括老師、家長，也有許多年輕朋友，給予我們極大的支持與鼓勵，他們紛紛表示本叢書的知識層面既豐富又多元，歷史史實面的專述非常詳盡，戰國時期的生活風尚及環境狀況的介紹甚為深入，能夠從閱讀中獲得頗多知識。這些讀者們的貼心回應，讓我們感動不已，也成為我們繼續往前的動力。

本叢書第四輯《戰國成語與齊文化》的繁體字版即將與廣大讀者見面，令人感到欣慰的同時也更須再接再厲。這套叢書中，有關戰國成語故事的尚有一輯，即《戰國成語與魏、韓、燕文化》。此一輯也在我們的持續努力中順利推進。讀者將由這五輯戰國成語的故事中，認識到除戰國成語內涵外的知識，從而對戰國時期各諸侯國的歷史本末，相互之間的戰、和關係，各諸侯國的文化特質及藝術風尚等，獲得較為全面的瞭解。

最後，本叢書第四輯《戰國成語與齊文化》所用的出土文物照片，承蒙湖北省博物館、湖南省博物館、上海博物館、河北省文物研究所、南京博物院、秦始皇帝陵博物院、齊文化博物院、河南省文物考古研究院、長沙簡牘博物館、陝西省考古研究院惠予授權使用，在此謹致謝忱。

周功鑫 謹識
2020年6月於台北

主編簡介

周功鑫教授，法國巴黎第四大學藝術史暨考古學博士，現為「圖説中華文化故事」叢書主編、「圖説中華文化Online」創辦人、朱銘文教基金會董事長。曾任台北故宮博物院院長（2008.5-2012.7）、輔仁大學博物館學研究所創所所長（2002-2008）。服務台北故宮博物院及擔任院長期間，曾創設各項教育推廣活動與志工團隊，並推動多項國際與海峽兩岸重量級展覽與學術研討活動，其中「山水合璧——黃公望與富春山居圖特展」（2011），榮獲英國倫敦*Art Newspaper*所評全球最佳展覽第三名，及台北故宮博物院被評為全球最受歡迎博物館第七名。由於周教授在文化推動方面的卓越貢獻，先後獲法國文化部頒贈藝術與文化騎士勳章（1998）、教皇本篤十六世頒贈銀牌勳章及獎狀（2007）、法國總統頒贈榮譽軍團勳章（2011）及中華文化促進會頒贈「2015 中華文化人物」等殊榮。

書　　名	圖説中華文化故事： 戰國成語與齊文化（下）
主　　編	周功鑫
原創製作	小皮球文創事業
藝術顧問	紀柏舟
統　　籌	金宗權
研究編輯	張永青、劉瑋琦
資訊管理	林敬恆
撰　　文	李閑、李思潔、張勝全
特約編輯	鄧少冰
責任編輯	侯彩琳
製　　作	KHY

構圖設計　張可靚

繪　　畫　王堉萍、許琬瑩、江芷毓

出　　版　三聯書店（香港）有限公司
　　　　　香港北角英皇道 499 號北角工業大廈 20 樓
　　　　　Joint Publishing（Hong Kong）Co., Ltd.
　　　　　20/F., North Point Industrial Building,
　　　　　499 King's Road, North Point, Hong Kong

香港發行　香港聯合書刊物流有限公司
　　　　　香港新界大埔汀麗路 36 號 3 字樓

印　　刷　美雅印刷製本有限公司
　　　　　香港九龍觀塘榮業街 6 號 4 樓 A 室

版　　次　2020 年 10 月香港第一版第一次印刷

規　　格　大 16 開（210mm × 265mm）244 面

國際書號　ISBN 978-962-04-4710-5

三聯書店
http://jointpublishing.com

JPBooks.Plus
http://jpbooks.plus